FREUND SCHAFTS BÄNDER

für beste Freundinnen

LISA

VORWORT

Wahre Freundinnen sind einfach unverzichtbar! Man kann ihnen die größten Geheimnisse anvertrauen, unendlichen Spaß zusammen haben oder gemeinsam die Füße baumeln lassen. Beste Freundinnen gehören einfach zusammen. Was gibt es da Schöneres, als jedem zu zeigen, dass man zusammengehört?

Und genau dafür eignen sich Freundschaftsarmbänder perfekt! Egal ob magisch wie von Elfenhand, glamourös wie das Perlenarmband einer Prinzessin oder für tierisch große Pferdefans – in diesem Buch ist einfach für jede was dabei!

Neben verschiedenen Stilen und Techniken erwartet euch unter anderem ein Freundschaftstest. Wollt ihr herausfinden, wie gut ihr euch kennt? Dann nichts wie los!

Viel Spaß wünschen Euch

Heike Roland Steffi Thomas

INHALT

Modelle Teil 2

Modelle Teil 3

MATERIAL

GUMMIFADEN

mit einem Durchmesser von 1 mm.

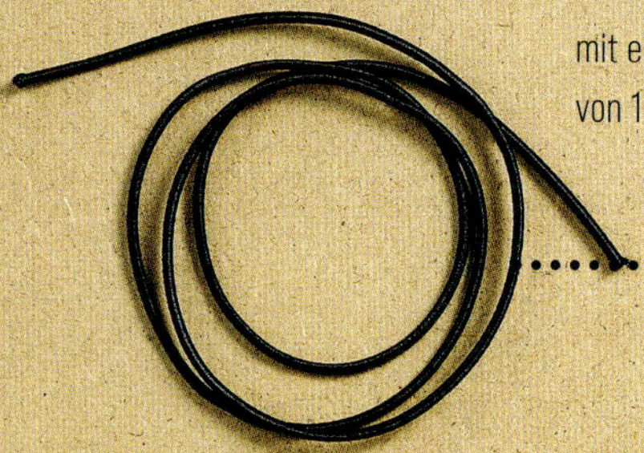

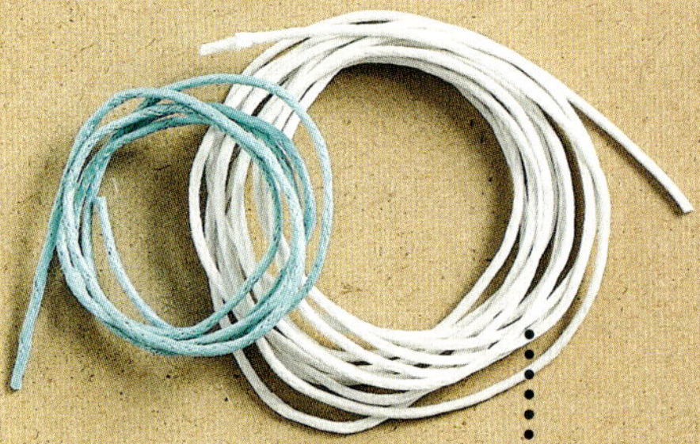

GEWACHSTE KORDEL

mit einem Durchmesser von 1 mm.

BAUMWOLLGARN

Es kann unterschiedliches Garn verwendet werden. Viele verwenden Perlgarn, wir arbeiten mit dem Baumwollgarn Catania von Schachenmayr oder gleichem Material von anderen Firmen.

LEDERBÄNDER

Wildlederbänder und geflochtene Lederkordeln lassen sich zu tollen Armbändern kombinieren.

PERLEN

Normale Perlen, Rocailles, Großlochperlen (als Verschluss), Buchstabenperlen, Anhänger aus Silber o.ä.

SCHERE

zum Abschneiden von Fäden.

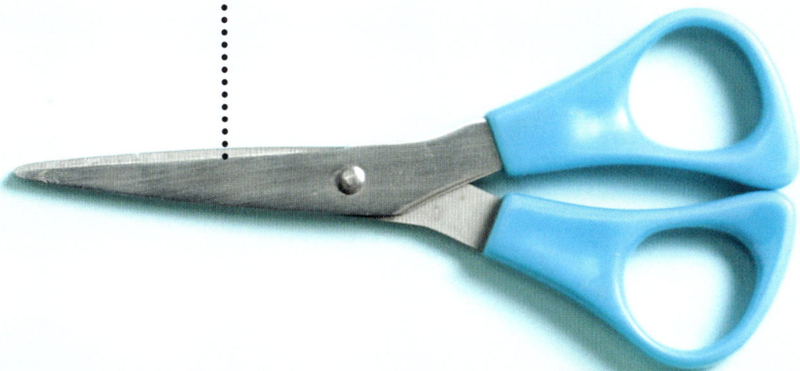

KLEMMBRETT

Alternativ Klebeband für die Tischplatte oder auch Sicherheitsnadel.

MASSBAND

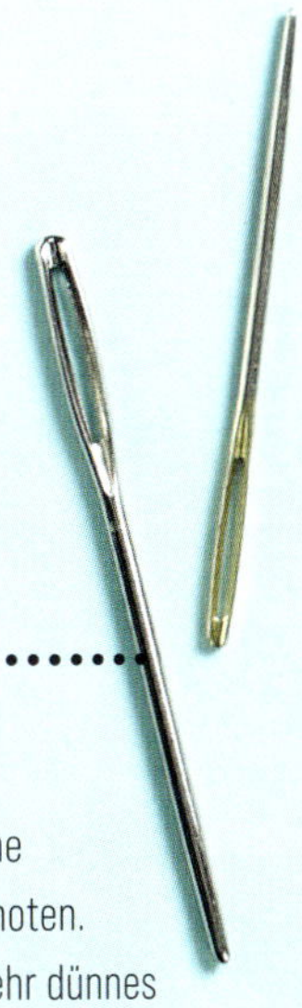

NADELN

Verwende dicke Nähnadel ohne Spitze zum Auftrennen von Knoten. Perlenfädelnadel haben ein sehr dünnes Öhr, womit sich Perlen leichter auffädeln lassen.

GEKNÜPFTE FREUNDSCHAFTSBÄNDER

Wichtig: Jeder Knoten besteht aus zwei Einzelknoten. Die Richtung des Pfeils im Symbol gibt den Verlauf des Knüpffadens an.

RECHTS-RECHTS-KNOTEN

1 Der rechte Faden ist der Haltefaden. Den Knüpffaden (linken Faden) darüber legen, um den Haltefaden schlingen und nach rechts oben herausziehen. Dabei den Knüpffaden so lange nach oben ziehen, bis der Knoten am oberen Ende des Haltefadens festgezogen ist. **2** Den gleichen Knoten noch einmal wiederholen, d. h. den Knüpffaden wieder auf die linke Seite legen und wie oben beschrieben beenden. **3** Zur Kontrolle: Der Knüpffaden liegt nun nicht mehr links, sondern rechts vom Haltefaden. Deshalb zeigt der Pfeil des Symbols von links oben nach rechts unten.

LINKS-LINKS-KNOTEN

1 Der linke Faden ist der Haltefaden. Den Knüpffaden (rechten Faden) darüber legen, um den Haltefaden schlingen und nach links oben herausziehen. Dabei den Knüpffaden so lange nach oben ziehen, bis der Knoten am oberen Ende des Haltefadens festgezogen ist. **2** Den gleichen Knoten noch einmal wiederholen, d. h. den Knüpffaden wieder auf die rechte Seite legen und wie oben beschrieben, beenden. **3** Zur Kontrolle: Der Knüpffaden liegt nun nicht mehr rechts, sondern links vom Haltefaden. Deshalb zeigt der Pfeil des Symbols von rechts oben nach links unten.

LINKS-RECHTS-KNOTEN

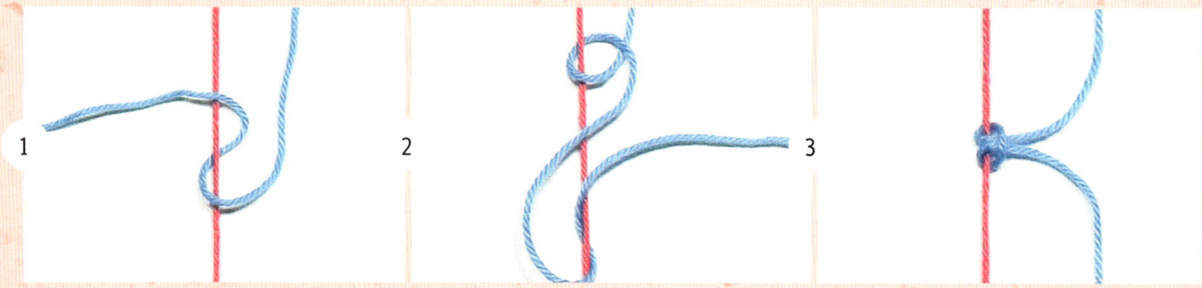

1 Der linke Faden ist der Haltefaden. Den Knüpffaden (rechten Faden) darüber legen, um den Haltefaden schlingen und nach links oben herausziehen. Dabei den Knüpffaden so lange nach oben ziehen, bis der Knoten am oberen Ende des Haltefadens festgezogen ist. **2** Nun den Knüpffaden nach rechts über den Haltefaden legen, darum schlingen und nach rechts oben herausziehen. Den Knüpffaden so lange nach oben ziehen, bis der Knoten am oberen Ende des Haltefadens festgezogen ist. **3** Zur Kontrolle: Der Knüpffaden liegt nach dem ersten Knoten links und nach dem zweiten Knoten wieder rechts vom Haltefaden. Deshalb zeigt der Pfeil des Symbols von rechts oben nach Mitte links und dann nach rechts unten.

RECHTS-LINKS-KNOTEN

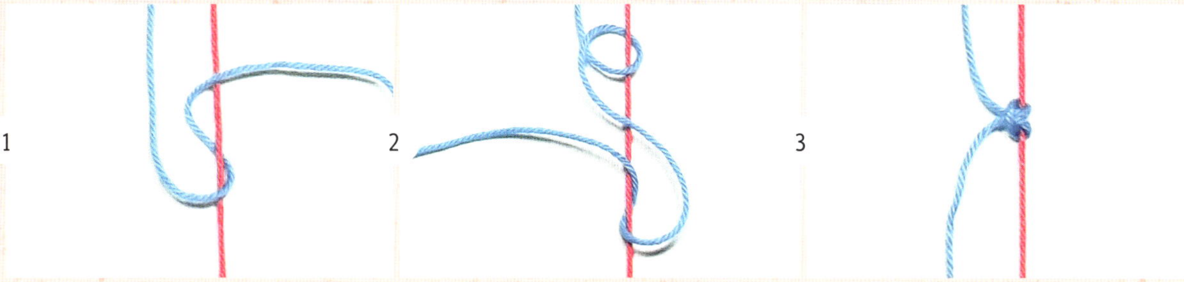

1 Der rechte Faden ist der Haltefaden. Den Knüpffaden (linken Faden) darüber legen, um den Haltefaden schlingen und nach rechts oben herausziehen. Dabei den Knüpffaden so lange nach oben ziehen, bis der Knoten am oberen Ende des Haltefadens festgezogen ist. **2** Nun den Knüpffaden nach links über den Haltefaden legen, darum schlingen und nach links oben herausziehen. Den Knüpffaden so lange nach oben ziehen, bis der Knoten am oberen Ende des Haltefadens festgezogen ist. **3** Zur Kontrolle: Der Knüpffaden liegt nach dem ersten Knoten rechts und nach dem zweiten Knoten wieder links vom Haltefaden. Deshalb zeigt der Pfeil des Symbols von links oben nach Mitte rechts und dann nach links unten.

FESTZIEHEN DER FÄDEN BEIM KNOTEN

Beim Festziehen der Fäden ist es wichtig, dass Halte- und Knüpffaden eine diagonale Linie bilden. So entsteht ein gleichmäßiges Knotenbild.

1 Rechts-Knoten:

2 Links-Knoten:

DIE FADENLÄNGE

Die in den Modellanleitungen angegebenen Fadenlängen gelten bei normaler Knüpffestigkeit (nicht zu fest und nicht zu locker) und für eine Armbandlänge (geknüpfter Teil) von 15 cm (entspricht einem Handgelenkumfang von ca. 16 cm). Darin enthalten sind jeweils 20 cm für geflochtene Schlussbändchen (geflochten ca. 6–7 cm) auf beiden Seiten des Armbands (siehe S. 18) Die Länge ist auch ausreichend für Bänder mit einem Perlenziehverschluss (siehe S. 19).

BEFESTIGEN DER FÄDEN AUF DEM KLEMMBRETT

1 Schneide die Fäden in der angegebenen Länge zu. Verknote alle Fäden nach 20 cm mit einem Überhandknoten (siehe S. 14) und klemme sie in der Reihenfolge in die Klammer deines Klemmbretts, wie die Farben am Anfang des Knüpfmusters gezeichnet sind.

TIPP: Falls dich die überstehenden Fäden beim Knüpfen stören, kannst du sie über die Klammer auf die Rückseite des Bretts legen.

Überhandknoten

Ein Überhandknoten ist ein einfacher Knoten, mit dem du z.B. alle Fäden am Ende der Bänder fixieren kannst.

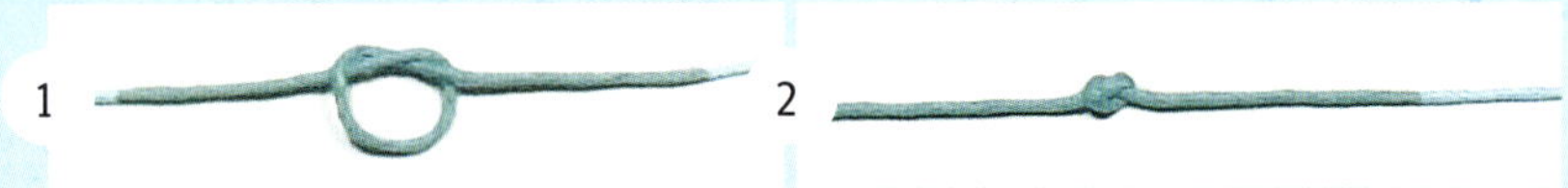

Lesen von Knüpfmustern

Beispiel einer Musterfolge für ein Zickzack-Muster:

Die Kreise links geben die Farben an, die Buchstaben die Position der Fäden im Muster. Jeder Kreis mit einem Pfeil steht für einen Knoten. Er ist in der Farbe gezeichnet, in der der Knoten nach dem Knüpfen erscheint. Der Pfeil darin zeigt an, um welche Art von Knoten es sich handelt (siehe S. 12-13 Knoten für Freundschaftsbänder).

Jeder Knoten wird mit zwei Fäden gearbeitet. Dabei wird der eine Faden gehalten (= Haltefaden) und der andere um diesen herum geknüpft (= Knüpffaden). Die beiden Balken oberhalb des Kreises zeigen die Fäden, die für diesen Knoten verwendet werden. Die beiden Balken unterhalb des Kreises zeigen, wie die Fäden nach dem Knüpfen liegen. Mit dem Knüpfen wird in der obersten Reihe begonnen und jeweils von links nach rechts Reihe für Reihe nach unten gearbeitet.

Erste Knüpfreihe

1 Mit den beiden ersten Fäden auf der linken Seite beginnen und den im Knüpfmuster angegebenen Knoten arbeiten. In unserem Beispiel wird also zuerst ein türkisfarbener Rechts-Rechts-Knoten geknüpft, d. h. der türkisfarbene Faden ist der Knüpffaden, der rosafarbene der Haltefaden. Beachte die Hinweise zum Anziehen der Knoten auf S. 13 Anschließend die beiden verknüpften Fäden hängen lassen … **2** … und die beiden rechts daneben liegenden Fäden für den nächsten Knoten fassen. Es wird also ein rosafarbener Rechts-Rechts-Knoten geknüpft, d. h. der rosafarbene Faden ist der Knüpffaden, der türkisfarbene der Haltefaden. **3** Wiederholen, bis alle Fäden dieser Reihe verknüpft sind.

Zweite Knüpfreihe

1  2 

1 Beginne wieder auf der linken Seite des Armbands. In dieser Reihe wird der erste Faden auf der linken Seite (rosa) nicht verknotet. D. h. du knüpfst den ersten Knoten mit dem zweiten und dritten Faden (Rechts-Rechts-Knoten in Türkis), … **2** … den nächsten Knoten (Rechts-Links-Knoten in Rosa) mit den beiden rechts daneben liegenden Fäden (Rosa = Knüpffaden, Pink = Haltefaden) und den dritten Knoten (Rechts-Rechts-Knoten in Grün). Am Ende der Reihe bleibt ein Faden übrig (pink), der, wie der erste Faden dieser Reihe, nicht verknotet wird.

Dritte Knüpfreihe

1  2 

1 Mit den beiden ersten Fäden auf der linken Seite beginnen und den im Knüpfmuster angegebenen Knoten arbeiten (Links-Links-Knoten in Türkis). **2** Wiederholen, bis alle Fäden dieser Reihe verknüpft sind. **Wichtig**: Alle ungeraden Reihen haben einen Knoten mehr als die geraden Reihen. Dadurch liegen die Knoten der geraden Reihen in den Zwischenräumen der darüber liegenden ungeraden Reihe.

3 

3 Die nächsten Reihen wie oben beschrieben unter Berücksichtigung der Farben und Knoten, die im Knüpfmuster angegeben sind, arbeiten. Die Musterfolge wiederholen, bis das Armband die gewünschte Länge hat. Darauf achten, dass die Knoten gleichmäßig fest bzw. locker angezogen werden.
Wichtig: Die Reihenfolge der Fäden nicht vertauschen! Kontrolliere die Fäden vor dem Verknüpfen mit den Farbangaben im Knüpfmuster. Falls du doch einmal einen „falschen" Knoten geknüpft hast, kannst du ihn mithilfe einer stumpfen Näh- oder Sticknadel auftrennen.

MAKRAMEE-FREUNDSCHAFTSARMBÄNDER

Die Fäden wie in den Anleitungen angegeben zuschneiden. Nach ca. 20 cm mit einem Überhandknoten (siehe S. 14) zusammenbinden und an dieser Stelle in die Klammer des Brettes schieben. Knüpffäden sind diejenigen Fäden, aus denen ein Knoten geschlungen wird. Diese Knoten werden stets um die nicht verwendeten, hängenden Fäden geknüpft. Die hängenden Fäden sind die Leitfäden der Knoten. Während dem Knüpfen darauf achten, dass die Knoten stets gleichmäßig stark angezogen werden, damit auch ein entsprechend gleichmäßiges Knüpfbild entsteht.

WEBERKNOTEN

Der Weberknoten wird immer mit vier Fäden geknüpft. Die mittleren beiden Fäden sind Leitfäden, die Fäden rechts und links außen die Knüpffäden. Knüpfst du viele Weberknoten nacheinander in einer Reihe, erhältst du ein flaches gleichmäßiges Knotenband.

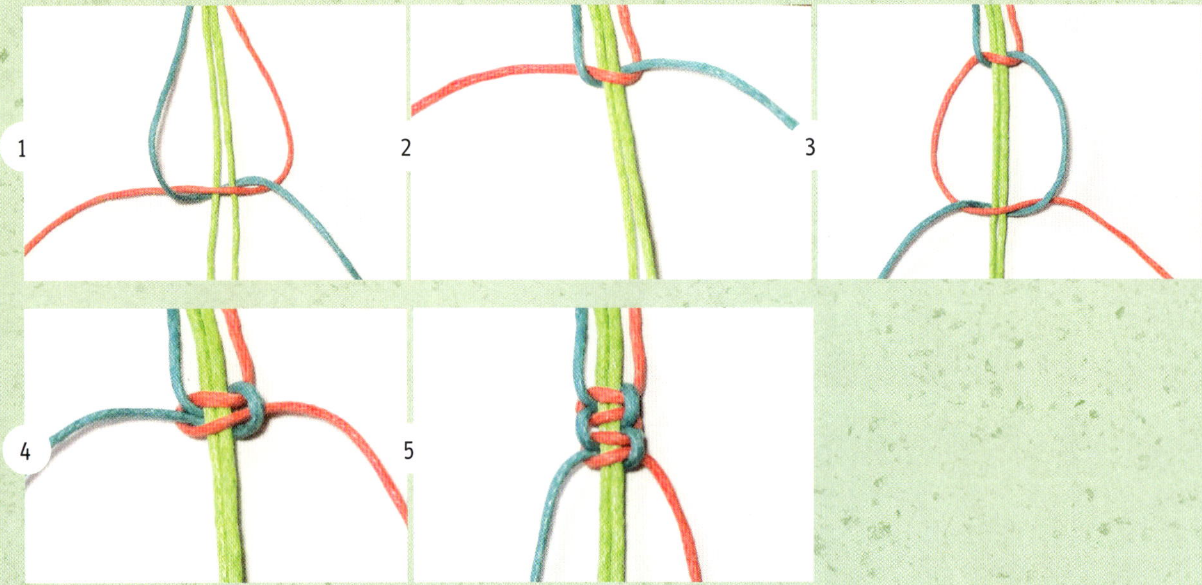

1 Den rechten Knüpffaden waagerecht vor die beiden Leitfäden und hinter den linken Knüpffaden legen, sodass am rechten Rand eine Schlinge entsteht. Dann den linken Knüpffaden unter dem waagrecht gelegten Knüpffaden auf die Rückseite der Leitfäden führen und diesen durch die Schlinge am rechten Rand von hinten nach vorne durchziehen. **2** Die Knüpffäden gleichmäßig fest anziehen. **3** Nun den ersten Arbeitsschritt mit dem linken Knüpffaden wiederholen und in umgekehrter Richtung arbeiten. **4** Die Knüpffäden gleichmäßig fest anziehen. Nun hast du einen fertigen Weberknoten, den man „Doppelknoten" nennt (einmal von rechts, einmal von links geknotet). **5** So sieht es aus, wenn du zwei Weberknoten gemacht hast.

SCHLINGKNOTEN

Der Schlingknoten wird mit drei Fäden gearbeitet. Bei dieser Knüpftechnik hast du zwei kürzere Leitfäden und einen langen Knüpffaden. Du machst immer einen Schlingknoten um die beiden Leitfäden. Dabei dreht sich das Band nach einer Weile wie beim Wellenknoten. Und so arbeitest du den Schlingknoten:

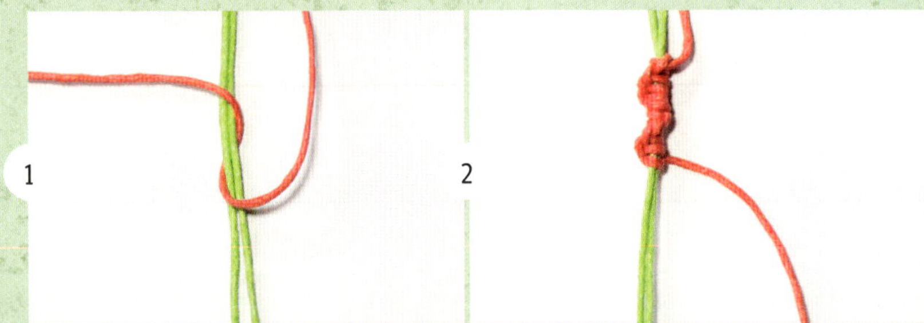

1 Führe den Knüpffaden über die beiden Leitfäden und dann den Knüpffaden hinter den Leitfäden durch die an der rechten Seite entstandene Schlinge. **2** Ziehe den Knüpffaden nach oben und damit den Knoten fest. Das wiederholst du jetzt immer wieder, bis dein Band die gewünschte Länge hat. Nach einigen Knoten sieht dein Band aus wie auf dem Bild.

WELLENKNOTEN

Der Wellenknoten wird mit vier Fäden geknüpft. Du beginnst wieder wie beim Weberknoten.

1 Lege den rechten Knüpffaden waagerecht vor die beiden Leitfäden und hinter den linken Knüpffaden, sodass am rechten Rand eine Schlinge entsteht. Dann den linken Knüpffaden unter dem waagrecht gelegten Knüpffaden auf die Rückseite der Leitfäden führen und diesen durch die Schlinge am rechten Rand von hinten nach vorne durchziehen. **2** Wiederhole den ersten Arbeitsschritt immer wieder, bis dein Band die richtige Länge hat. D.h. du legst wieder den rechten Knüpffaden vor die beiden mittleren Fäden usw. Denke daran, nach jedem Knoten die Knüpffäden gleichmäßig festzuziehen. **3** Die Knotenreihe beginnt sich automatisch ab dem dritten Knoten spiralförmig nach links zu drehen. Nach einigen Knoten sieht dein Band aus wie auf dem Bild. Du kannst das Band immer wieder um die Achse drehen oder auch aus der Klammer lösen und neu einsetzen, damit es für dich leichter ist, die Knoten zu machen.

AUFFÄDELN VON PERLEN

Bei allen Makrameebändern kannst du Perlen mit einarbeiten. Achte darauf, dass die Löcher in deinen Perlen so groß sind, dass dein Faden durchpasst.

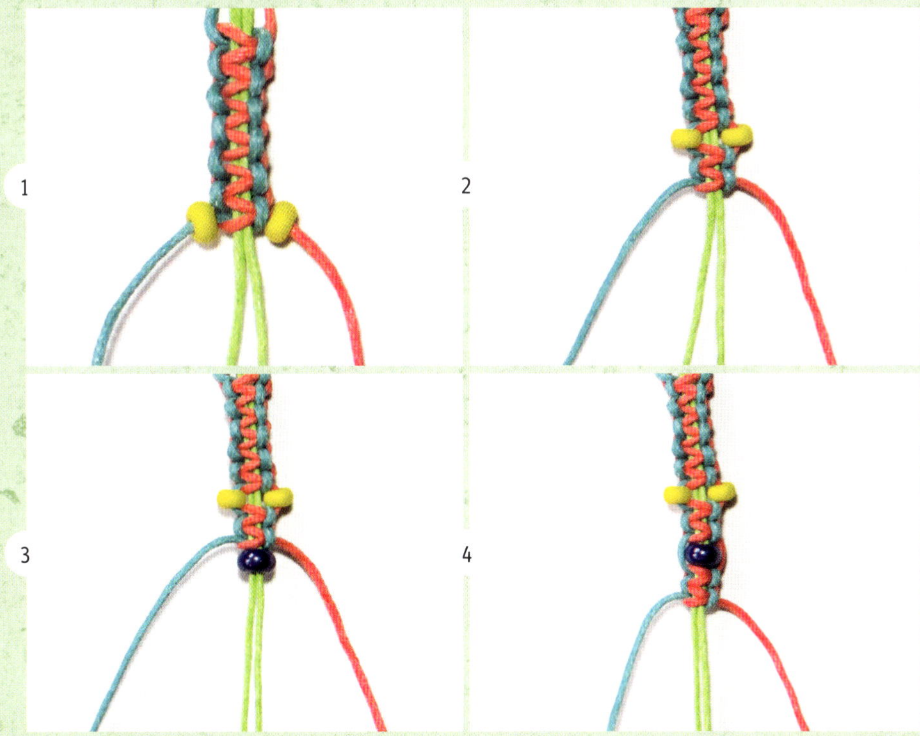

1 Du kannst die Perlen z.B. beim Weberknoten über die einzelnen äußeren Knüpffäden schieben. **2** Anschließend knotest du weitere Weberknoten ... **3** ... oder du fädelst sie über die beiden mittleren Leitfäden. **4** Anschließend knotest du in deinem Muster weiter. Genauso kannst du auch deine Silberanhänger einarbeiten. Du kannst aber auch Großlochperlen über alle vier Fäden bis zu den letzten Knoten auffädeln, danach im Knüpfmuster weiterarbeiten. Wenn das Loch deiner Perle groß genug ist, kannst du auch das gesamte Band knüpfen und danach (bevor du den abschließenden Überhandknoten machst) die Perle über das komplette Band schieben. Dies kannst du auch bei den geknüpften Armbändern machen. Hierfür eignet sich eine Großlochperle mit flachem Schlitz für z.B. Lederarmbänder mit einer Lochbreite von ca. 10 mm.

Aufgefädelte Perlenbänder

Zum Auffädeln nimmst du am besten einen dünnen Gummifaden mit einem Durchmesser von 1 mm. Sind deine Perlenlöcher kleiner, benutze einen dünneren Faden. Der Gummifaden ist super, weil du keinen besonderen Verschluss brauchst, sondern die Fadenenden einfach fest miteinander verknotest, wenn dein Band lang genug ist.

HIER SIND EIN PAAR TIPPS FÜR DICH:

- Schneide den Gummifaden nicht von der Rolle ab. Fädle deine Perlen nach Wunsch oder nach Anleitung auf und halte das gefädelte Band immer wieder an deinen Arm. Wenn die gewünschte Länge erreicht ist, führe alle Perlen bis ca. 5 cm an den Fadenanfang, schneide am hinteren Ende ebenfalls den Faden in 5 cm Länge ab und verknote die Fadenenden mehrmals miteinander. Schneide sie danach nicht zu knapp ab.
- Wenn du Buchstabenperlen auf dein Band fädeln möchtest, kannst du sie einzeln im Fachhandel kaufen. Somit hast du genau die Buchstaben, die du haben möchtest in der Farbe deiner Wahl. Es gibt auch bunt gemischte Päckchen, aber es kann dir passieren, dass nicht alle Buchstaben in der gewünschten Farbe dabei sind.
- Kaufe dir eine spezielle Nadel für Rocailles. Das Auffädeln der Perlen ist damit sehr einfach, weil das Öhr der Nadel sehr schmal ist und durch die meisten Perlen passt.
- Achte unbedingt darauf, dass deine Perlenlöcher zum Faden passen. Es gibt auch sehr kleine Perlen mit größeren Löchern.
- Wenn du auffädelst, kann es nach einer Weile passieren, dass dein Faden oder deine Kordel vorne ausfranst und du die Perlen nicht mehr gut aufgefädelt bekommst. Nimm eine scharfe Schere und schneide das Ende wieder gerade.
- Wenn du die Bandenden mit Sekundenkleber fixieren musst, lass dir unbedingt von einem Erwachsenen helfen.

Verschlüsse

Wichtig: Die Längenangaben sind Richtwerte, an denen du dich orientieren kannst.
Miss und kontrolliere jedoch auf alle Fälle die Länge deines Armbands, bevor du mit dem Knoten aufhörst!

ZOPFVERSCHLUSS

Zum Beenden des Armbands aus allen Fäden einen ca. 6–7 cm langen Zopf flechten. Danach alle Fäden zusammen mit einem Überhandknoten (siehe S. 14) fixieren und die überstehenden Fäden abschneiden. Den Überhandknoten vom Anfang lösen und ebenso verfahren.

TIPP: Bei vielen Makrameebändern hast du vier Fäden. Nimm bei einem Flechtstrang zwei Fäden und die anderen Fäden einzeln.

PERLENZIEHVERSCHLUSS

Für den Perlenziehverschluss benötigst du eine Perle mit einem Durchmesser von ca. 11 mm und einem Loch mit einem Durchmesser von 4 mm.

1

2

1 Zuerst führst du alle Fäden von deinem Bandanfang durch die Großlochperle. Schneide alle Fäden in der gleichen Länge ab (ca. 6 cm). An den Enden kannst du entweder zwei Überhandknoten (siehe S. 14) machen oder du fädelst kleine Rocailles auf die einzelnen Fäden und machst danach zur Befestigung einen Überhandknoten. **2** Danach führst du die Fäden von deinem Bandende von der anderen Seite durch die Großlochperle und machst einen Überhandknoten oder fädelst ebenfalls wieder Rocailles auf.

Du kannst dein Armband jetzt auf und zu ziehen.

TIPP: Wenn sich dein Band lockert und du es fixieren möchtest, dann verknote zwei Fäden miteinander, dann kann sich das Band nicht mehr lösen.

Blümchen

für die beste Freundin

1. Schneide die Fäden in der angegebenen Länge zu. Verknote alle Fäden nach 20 cm mit einem Überhandknoten (siehe S. 14) und klemme sie in der Reihenfolge in die Klammer deines Klemmbretts, wie die Farben am Anfang des Knüpfmusters gezeichnet sind.
2. Jetzt knotest du dein Band gemäß Knüpfmuster bis zur gewünschten Länge.
3. Bevor du die Verschlusszöpfe flechtest oder einen Perlenziehverschluss machst (siehe S. 19), überprüfe noch einmal die Armbandlänge an deinem Arm. Wenn alles passt, löse den Anfangsknoten, beende dein Band mit dem Verschluss, den du haben möchtest und schneide die Endfäden ab.

TIPP: Knüpfe dir ein Band mit Margariten. Dafür tauschst du einfach die pinkfarbenen Fäden gegen weiße aus.

Material

BAUMWOLLGARN:

- 4 Fäden A in Hellblau, je 140 cm
- 1 Faden B in Gelb, 110 cm
- 2 Fäden C in Pink, je 120 cm
- 1 Faden D in Grün, 130 cm

MATERIAL

- gewachste Baumwollkordel, 1x 60 cm und 2x 80 cm, ⌀ 1 mm in deiner Wunschfarbe
- je nach Perlendurchmesser (6-10 mm) 12-20 Perlen mit passendem Loch (min. 3 mm)
- wenn du möchtest: echte Muscheln mit Loch, ca. 18 mm lang, oder kleine Metallanhänger mit einer Öse, z.B. Seestern, ca. 7 mm oder Muschel, ca. 8 mm lang

MURMELBAND

für kleine Meerjungfrauen

1. Schneide deine Fäden zu. Verknote alle drei Bänder nach 20 cm mit einem Überhandknoten (siehe S. 14) und klemme sie so in die Klammer deines Klemmbretts, dass der kurze Faden in der Mitte liegt. Auf diesen Faden werden die Perlen aufgefädelt. Die beiden längeren Fäden werden geknotet.

2. Lege den rechten Knüpffaden waagerecht vor den mittleren Leitfaden und hinter den linken Knüpffaden, sodass am rechten Rand eine Schlinge entsteht. Dann den linken Knüpffaden unter dem waagrecht gelegten Knüpffaden auf die Rückseite des Leitfadens führen und diesen durch die Schlinge am rechten Rand von hinten nach vorne durchziehen.

3. Ziehe die beiden Knüpffäden gleichmäßig fest und fädle eine Perle über den mittleren Faden.

4. Führe die beiden äußeren Fäden um die Perle herum nach unten und mache wie oben beschrieben einen Knoten unter der Perle.

5. Ziehe die beiden Knüpffäden gleichmäßig fest, sodass die Fäden die Perle gut umschließen.

6. Jetzt fädelst du abwechselnd eine Perle auf den mittleren Faden und fixierst sie anschließend mit einem Knoten unter der Perle. Möchtest du Muscheln oder Anhänger einarbeiten, so fädle sie an der gewünschten Stelle ein. Verfahre dabei wie bei einer Perle.

7. Das wiederholst du so lange, bis dein Band die gewünschte Länge hat. Unter der letzten Perle machst du noch einen Knoten von rechts und fixierst alle drei Fäden anschließend mit einem Überhandknoten.

8. Flechte die Enden zu ca. 7 cm langen Zöpfen, verknote die Enden und schneide sie ab.

TIPP: Bei diesem Perlenband ist der Zopfverschluss ideal. Möchtest du einen Perlenziehverschluss (siehe S. 19) machen, brauchst du für dieses Band eine kleinere Verschluss-Perle, da dein Band nicht sehr dick ist. Statt der Muschel kannst du auch einen Metallanhänger am Bandende anhängen.

2

3

4

5

6

Kronen

für echte Prinzessinnen

Dieses Band ist mit zehn Fäden geknüpft und wird dadurch etwas breiter. Du machst aber alles genau wie bei den dünneren Bändern.

1. Schneide die Fäden in der angegebenen Länge zu. Verknote alle Fäden nach 20 cm mit einem Überhandknoten (siehe S. 14) und klemme sie in der Reihenfolge in die Klammer deines Klemmbretts, wie die Farben am Anfang deines Knüpfmusters gezeichnet sind.
2. Nun knotest du dein Band gemäß Knüpfmuster bis zur gewünschten Länge.
3. Bevor du die Verschlusszöpfe flechtest oder einen Perlenziehverschluss machst (siehe S. 19), überprüfe noch einmal die Armbandlänge an deinem Arm. Wenn alles passt, löse den Anfangsknoten, beende dein Band mit dem Verschluss, den du haben möchtest und schneide die Endfäden ab.

Material

BAUMWOLLGARN FÜR FARBVARIANTE TÜRKIS/GELB:

- 6 Fäden A in Türkis, je 120 cm
- 4 Fäden B in Gelb, je 140 cm

BAUMWOLLGARN FÜR FARBVARIANTE LILA/ROSA:

- 6 Fäden A in Lila, je 120 cm
- 4 Fäden B in Rosa, je 140 cm

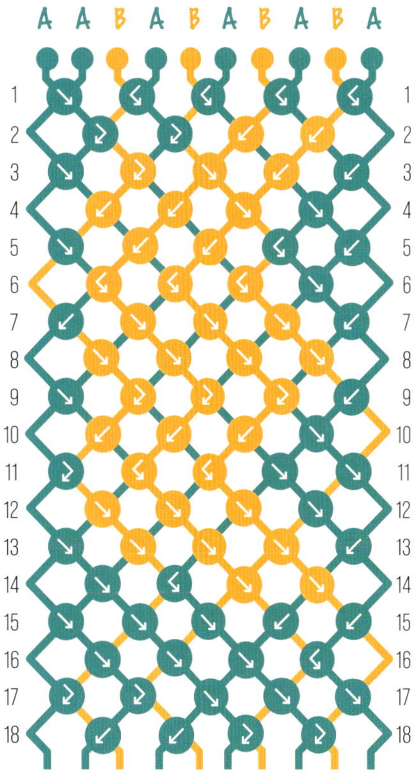

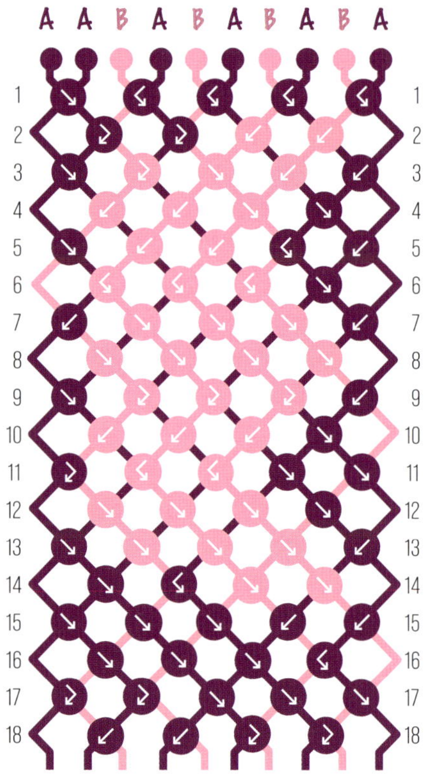

FRIENDS

KATSUKIBAND

für ideales Strandwetter

1. Bei diesen Bändern macht es Spaß, verschiedene Muster aus Katsukis und Perlen miteinander zu kombinieren. Fädle z.B. vier weiße und vier pinkfarbene Scheiben abwechselnd auf, gehe dann über in türkisfarbene Rocailles, fädle dann einige gelbe Scheiben auf, zwischen die du eine Quaste einsetzt. Danach beendest du dein Band in der entgegen gesetzten Farbfolge.

2. Wenn du Lust hast, probiere noch ein anderes Fädelmuster: Fädle abwechselnd zwei rote und zwei weiße Scheiben auf den Gummifaden, gehe in dunkelrote Rocailles über, danach kommen wieder Streifen mit Katsukis. Danach fädelst du türkisfarbene Streifen, die sich dann mit weißen Scheiben und Rocailles abwechseln. Deiner Fantasie sind keine Grenzen gesetzt. Denk dir immer wieder neue Muster und Kombinationen aus.

TIPP: Lass den Gummifaden auf der Rolle, bis dein Band die gewünschte Länge hat. Schneide ihn dann ab und verknote die Enden.

MATERIAL

- Katsukischeiben, ∅ 6 mm in den Farben deiner Wahl
- Rocailles in verschiedenen Größen und Farben (4-5 mm) mit passendem Loch für den Gummifaden
- Gummifaden, ∅ 1 mm
- Miniquasten mit Öse, 15 mm, in verschiedenen Farben

PFERDEBAND

im Makramee-Stil

1. Schneide die Fäden in deiner Lieblingsfarbe zu. Verknote alle Fäden nach 20 cm mit einem Überhandknoten (siehe S. 14) und klemme sie so in die Klammer deines Klemmbretts, dass die kurzen Fäden in der Mitte liegen.

2. Knote zehn Doppelknoten (siehe Weberknoten S. 16). Dann fädelst du ein Rocaille über die beiden mittleren Fäden und schiebst es ganz nach oben zu den Knoten.

3. Knote wieder drei Doppelknoten, danach kommt wieder eine Perle und anschließend noch einmal drei Doppelknoten.

4. Führe die Schiebeperle Pferd über alle vier Fäden bis zu den letzten Knoten und ziehe die Fäden straff durch die Perle. Dann machst du drei Doppelknoten und beendest das Armband in entgegen gesetzter Reihenfolge.

5. Für den Perlenziehverschluss (siehe S. 19) schiebst du die vier Fäden eines Endes durch die Großlochperle und verknotest alle vier Fäden mit einem Überhandknoten in ca. 7 cm Länge. Dann führst du die vier Fäden der anderen Seite in entgegen gesetzter Richtung durch die Großlochperle und verknotest ebenfalls alle Fäden mit einem Überhandknoten in 7 cm Länge. Die Fadenenden schneidest du ab.

TIPP: Du kannst auf deine Fadenenden kleine Rocailles aufziehen, so wie bei dem Modell auf S. 58 oder einen Zopfverschluss (siehe S. 18) aus den Fäden flechten.

MATERIAL

- gewachste Baumwollkordel, in deiner Wunschfarbe, Ø 1 mm, 2x 1 m und 2x 0,5 m
- 1 Großlochperle, Ø 11 mm (Loch 4 mm), in Weiß oder Pink
- Rocailles, Ø 5,5 mm, mit großem Loch in passender Farbe
- Schiebeperle Pferd für Lederbänder, Schlitz ca. 5 mm breit

Wellen
mit Meeresrauschen

1. Schneide die Fäden in der angegebenen Länge zu. Verknote alle Fäden nach 20 cm mit einem Überhandknoten (siehe S. 14) und klemme sie in der Reihenfolge in die Klammer deines Klemmbretts, wie die Farben am Anfang deines Knüpfmusters gezeichnet sind.
2. Dann knotest du dein Band gemäß Knüpfmuster bis zur gewünschten Länge.
3. Bevor du die Verschlusszöpfe flechtest oder einen Perlenziehverschluss machst (siehe S. 19), überprüfe noch einmal die Armbandlänge an deinem Arm. Wenn alles passt, löse den Anfangsknoten, beende dein Band mit dem Verschluss, den du haben möchtest und schneide die Endfäden ab.

Material

BAUMWOLLGARN FÜR FARBVARIANTE TÜRKIS/PETROL:

- 4 Fäden A in Türkis, je 130 cm
- 4 Fäden B in Petrol, je 130 cm

BAUMWOLLGARN FÜR FARBVARIANTE ROSA/PINK:

- 4 Fäden A in Rosa, je 130 cm
- 4 Fäden B in Pink, je 130 cm

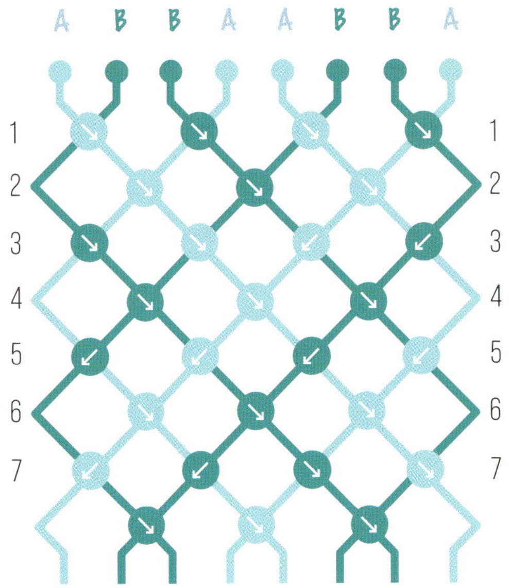

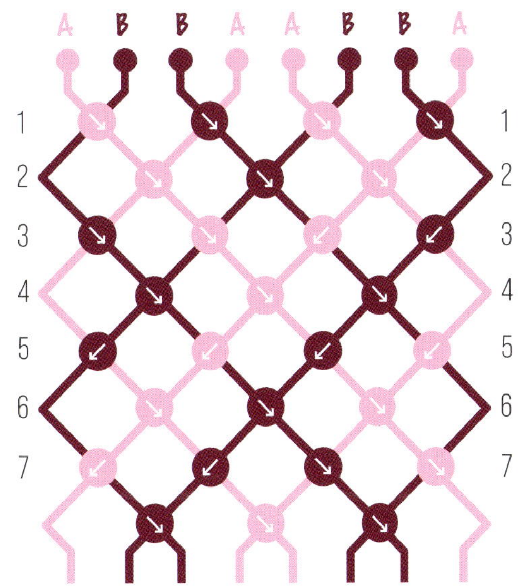

MAGISCHES AMULETT

aus Elfenhand

1. Fädle einen Faden des Gummibands durch eine der Ösen und lege ihn so zusammen, dass die Fäden gleich lang liegen.

2. Führe eine der Perlen über beide Fäden bis hin zum Metallelement. Dasselbe machst du auf der anderen Seite.

3. Jetzt verknotest du alle vier Fäden in der gewünschten Länge mit einem Überhandknoten (siehe S. 14). Schneide die Enden des Gummibands ab und fertig ist dein Armband.

TIPP: Falls du nicht beide Fadenenden zusammen durch das Perlenloch führen kannst, fädle zuerst einen Faden durch, spanne diesen dann sehr stark an, dass er nicht das Loch ausfüllt, und fädle dann den zweiten Faden durch das Perlenloch.

MATERIAL

- schwarzes Gummiband, ∅ 1 mm (Hutgummi), 2x 30 cm
- 1 Metall-Kreiselement mit 2 Ösen, ∅ 15 mm
- 2 Perlen in deiner Wunschfarbe, ∅ 6 mm

Ein Herz
für dich

1. Schneide die Fäden in der angegebenen Länge zu. Verknote alle Fäden nach 20 cm mit einem Überhandknoten (siehe S. 14) und klemme sie in der Reihenfolge in die Klammer deines Klemmbretts, wie die Farben am Anfang deines Knüpfmusters gezeichnet sind.
2. Dann knotest du dein Band gemäß Knüpfmuster bis zur gewünschten Länge.
3. Bevor du die Verschlusszöpfe flechtest oder einen Perlenziehverschluss machst (siehe S. 19), überprüfe noch einmal die Armbandlänge an deinem Arm. Wenn alles passt, löse den Anfangsknoten, beende dein Band mit dem Verschluss, den du haben möchtest und schneide die Endfäden ab.

Material

BAUMWOLLGARN:

- 5 Fäden A in Rosa, je 140 cm
- 3 Fäden B in Weiß, je 130 cm

FREUND-SCHAFTSTEST

Wie gut kennt ihr euch?

Ihr seid wahre Freundinnen, das ist klar. Aber wie viel wisst ihr tatsächlich voneinander? Schnappt euch jede einen Zettel und einen Stift. Schreibt verdeckt auf, welche Antworten die andere geben würde. Los geht's:

START

Lieblingsspielzeug?

Lieblings-fach?

Lieblings-getränk?

Liebste Süßigkeit?

Lieblingskleidung?

Lieblingsessen?

Größte Angst vor ...?

Geschwister?

Lieblingstier?

Kann diese Person gar nicht leiden?

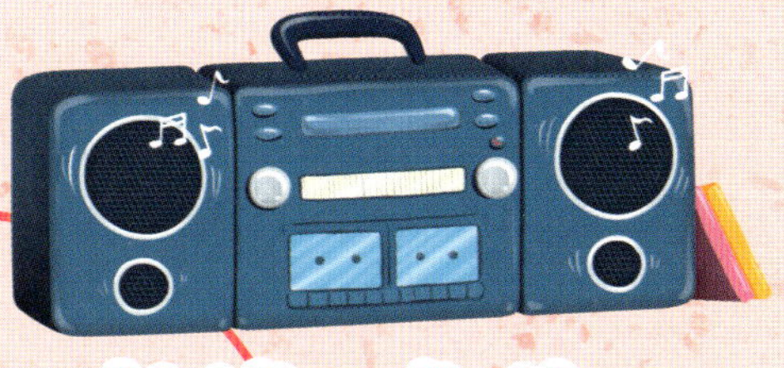

Lieblingslied?

Buch oder Film?

Gerade verknallt? In wen?

Lieblings-farbe?

Spitzname?

Zweiter Vorname?

ende

Auswertung:

Zeigt euch gegenseitig eure Antworten.

15-16 richtige: Wow, du weißt wirklich viel über deine Freundin! Ihr habt offensichtlich keine Geheimnisse voreinander.

14 oder weniger richtige: Überhaupt nicht schlimm, dass du nicht alle Fragen beantworten konntest. Man muss nicht jedes Geheimnis kennen, um sicher zu sein: Diese Person mag ich! Nach dem Test weißt du nun ein paar Geheimnisse mehr von deiner Freundin.

Wellen-Armband

im Partnerlook

1. Schneide die vier Fäden in deiner Wunschfarbe zu. Verknote alle Fäden nach 20 cm mit einem Überhandknoten (siehe S. 14) und klemme sie so in die Klammer deines Klemmbretts, dass die kurzen Fäden in der Mitte und die langen Fäden außen liegen.

2. Bei diesem Band knotest du im Wellenknoten (siehe S. 17). Nach ein paar Knoten fängt dein Band an sich zu drehen. Löse es jeweils nach ein paar Knoten aus der Klammer, um es wieder in die richtige Position zu bringen. Du knotest immer mit dem rechten Faden.

3. Knote so lang, bis du die gewünschte Länge erreicht hast. Bevor du das Armband beendest, überprüfe noch einmal die Armbandlänge an deinem Arm. Als Verschluss kannst du einen Perlenziehverschluss oder einen Zopfverschluss machen (siehe S. 18-19).

Variante mit Perlen und Quaste

1. Fädle in gleichmäßigen Abständen Rocailles auf die beiden äußeren Fäden. Als Abstand kannst du zum Beispiel zehn Wellenknoten nehmen. Nach dem Auffädeln der Perlen musst du die Fäden wieder so hinlegen, dass die kurzen Fäden zwischen den beiden langen Fäden liegen. Nachdem du zwei Mal Perlen aufgefädelt hast, arbeitest du einmal stattdessen die Quaste mit ein. Danach verwendest du wieder die Perlen.

TIPP: Wenn du für die Innenfäden eine komplett andere Farbe nimmst und die Knoten nicht zu fest anziehst, dann schimmert die andere Farbe durch deine Knoten!

MATERIAL

- gewachste Baumwollkordel, Ø 1 mm in deiner Wunschfarbe, 2x 110 cm und 2x 50 cm
- 8 Rocailles, Ø 4 mm, mit passendem Loch (Ø 3 mm)
- 1 Miniquaste mit Öse in Pink, 15 mm

PRINZESSIN

mit Kutsche und Co.

1. Suche dir drei schöne Bänder aus und schneide sie zu. Verknote alle Bänder nach 20 cm mit einem Überhandknoten. Nach jedem Knoten fädelst du eine Perle oder Metallanhänger auf die einzelnen Bänder auf. So verrutscht nichts.

2. Zum Schluss fixierst du alles mit einem Überhandknoten (siehe S. 14) und flechtest die Bänder zu einem Zopfverschluss (siehe S. 18).

Variante mit Perlenbändchen

1. Möchtest du ein Perlenbändchen einarbeiten, verknotest du dieses mit einem Überhandknoten am Anfang und am Ende mit den anderen Bändern. Für die Knoten nach dem Auffädeln der Perlen verwendest du nur die anderen Bänder, da sich das Perlenband nicht schön verknoten lässt und am Ende unschön aussehen würde.

2. Schneide das Perlenband hinter dem Knoten an beiden Seiten ab und fixiere den Knoten mit einem Tropfen Sekundenkleber. Lass dir dabei unbedingt von einem Erwachsenen helfen! Mit den beiden anderen Bändern knotest du dir das Band um das Handgelenk. Schneide die Enden passend ab.

TIPP: Benutze türkis- und lilafarbene Bänder und gestalte dir ein Meerjungfrauenarmband, z.B. mit Seestern- und Fischanhängern.

MATERIAL

- 3 Bänder, je 70 cm lang (z.B. Tüll-, Satin-Wildleder, Perlenbänder in 2-6 mm Breite)
- Metallanhänger mit einer Öse, z.B. Prinzessin, 18 mm lang oder Kutsche, 14 mm breit
- Großlochperlen, Ø ca. 8 mm
- Rocailles, 4 mm mit großem Loch
- Perlenbändchen, ca. 40 cm lang

XOXO unter Freundinnen

1. Schneide die Fäden in der angegebenen Länge zu. Verknote alle Fäden nach 20 cm mit einem Überhandknoten (siehe S. 14) und klemme sie in der Reihenfolge in die Klammer deines Klemmbretts, wie die Farben am Anfang deines Knüpfmusters gezeichnet sind.

2. Jetzt knotest du dein Band gemäß Knüpfmuster bis zur gewünschten Länge.

3. Bevor du die Verschlusszöpfe flechtest oder einen Perlenziehverschluss machst (siehe S. 19), überprüfe noch einmal die Armbandlänge an deinem Arm. Wenn alles passt, löse den Anfangsknoten, beende dein Band mit dem Verschluss, den du haben möchtest und schneide die Endfäden ab.

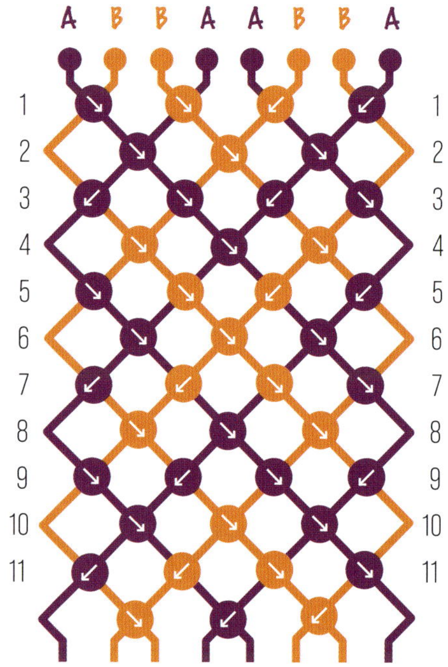

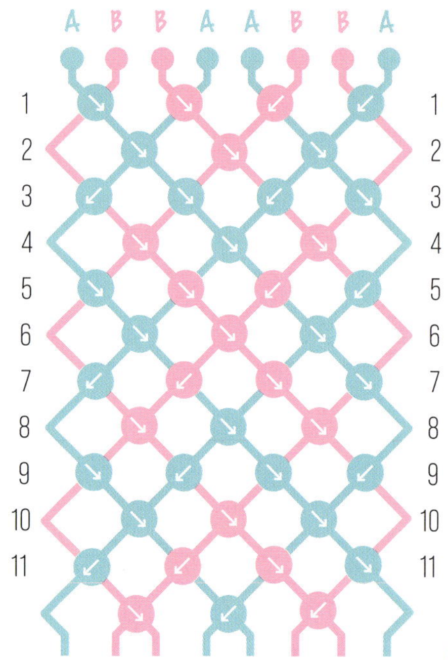

MATERIAL

BAUMWOLLGARN FÜR FARBVARIANTE LILA/ORANGE:

- 4 Fäden A in Lila, 140 cm
- 4 Fäden B in Orange, 120 cm

BAUMWOLLGARN FÜR FARBVARIANTE TÜRKIS/PINK:

- 4 Fäden A in Türkis, 140 cm
- 4 Fäden B in Pink, 120 cm

KATSUKI-SCHEIBEN

lustig und bunt

1. Bei dieser Technik sind deiner Fantasie keine Grenzen gesetzt. Du kannst die Scheiben nach Lust und Laune auffädeln. Entweder du nimmst sie kunterbunt, wie sie in deiner Schale liegen und fädelst sie ohne Reihenfolge auf, oder du legst dir die Scheiben vorher zu einem Streifenmuster zusammen und fädelst sie dann auf.

2. Du kannst munter drauf los experimentieren, bis du alle Katsukis verarbeitet hast und dein Band die richtige Länge hat.

TIPP: Lass den Gummifaden auf der Rolle, bis dein Band die gewünschte Länge hat. Schneide ihn dann ab und verknote die Enden.

MATERIAL

- Katsukischeiben in den Farben deiner Wahl, ∅ 6 mm (du brauchst ca. 160 Scheiben für ein Band)
- Gummifaden, ∅ 1 mm

Magischer Klee

Kobold in Sicht

1. Schneide die Fäden in der angegebenen Länge zu. Verknote alle Fäden nach 20 cm mit einem Überhandknoten (siehe S. 14) und klemme sie in der Reihenfolge in die Klammer deines Klemmbretts, wie die Farben am Anfang deines Knüpfmusters gezeichnet sind.
2. Nun knotest du dein Band gemäß Knüpfmuster bis zur gewünschten Länge.
3. Bevor du die Verschlusszöpfe flechtest oder einen Perlenziehverschluss machst (siehe S. 19), überprüfe noch einmal die Armbandlänge an deinem Arm. Wenn alles passt, löse den Anfangsknoten, beende dein Band mit dem Verschluss, den du haben möchtest und schneide die Endfäden ab.

TIPP: Du kannst natürlich auch helle Blätter auf dunkelgrünem Untergrund knüpfen. Tausche dafür einfach die Farben im Knüpfmuster: Faden A ist dann in Hellgrün, Faden B in Dunkelgrün.

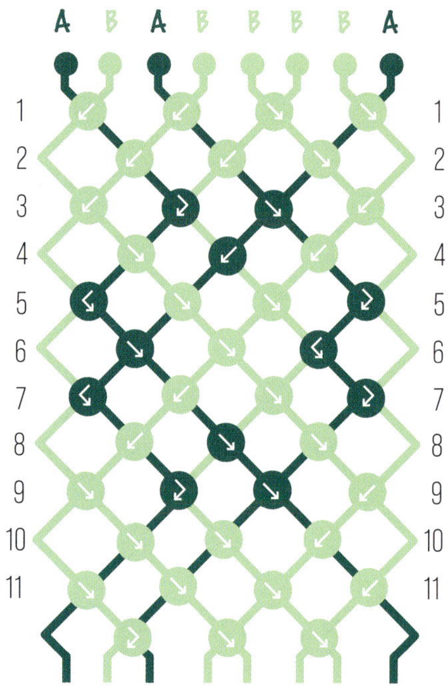

MATERIAL

BAUMWOLLGARN:

- 3 Fäden A in Dunkelgrün, je 130 cm
- 5 Fäden B in Hellgrün, je 140 cm

AUSRITT
auf die Wiese

Variante mit Kleeblatt

1. Miss den Umfang deines Handgelenkes und schneide ein Wildlederband und die geflochtene Lederkordel in dieser Länge ab. Lege die beiden Bänder mittig auf das längere Wildlederband (Bindeband).

2. An einer Seite umwickelst du mit einer Baumwollkordel mehrfach die Enden der beiden kurzen Bänder mitsamt dem langen Band. Verknote anschließend die Kordelenden und fixiere den Knoten mit einem Tropfen Sekundenkleber. Lass dir dabei unbedingt von einem Erwachsenen helfen!

3. Schiebe die Großlochperle von der offenen Seite her über alle Bänder. Anschließend legst du alle Bänder flach hin und umwickelst und verknotest mit der zweiten Baumwollkordel das andere Ende der kurzen Bänder zusammen mit dem langen Band. Fixiere den Knoten ebenfalls wieder mit Sekundenkleber.

Variante mit Pferd

1. Hierfür werden statt der geflochtenen Lederkordel fünf Wildlederbänder verarbeitet. Schneide vier kurze und ein langes Wildlederband in verschiedenen Farben zu. Verfahre anschließend genauso wie beim Band mit dem Kleeblatt.

MATERIAL

FÜR DAS KLEEBLATT:

- geflochtene Lederkordel in Dunkelbraun, ∅ 3 mm, in der Länge deines Handgelenkumfangs
- Wildlederband, 3 mm breit, in der Länge deines Handgelenkumfangs
- Wildlederband, 3 mm breit, ca. 40 cm lang (Bindeband)
- gewachste Baumwollkordel in einer passenden Farbe, 2x 30 cm
- Metallgroßlochperle Kleeblatt, ∅ 9 mm

FÜR DAS PFERD:

- 4x Wildlederband, 3 mm breit, in der Länge deines Handgelenkumfangs, in verschiedenen Farben
- Wildlederband, 3 mm breit, ca. 40 cm lang (Bindeband)
- gewachste Baumwollkordel in einer passenden Farbe, 2x 30 cm
- Pferdekopf mit Schlitz für Lederbänder, Schlitz ca. 1 cm breit

Geflochtenes Armband

aus Wildleder

1. Lege die drei Wildlederbänder aufeinander und umwickle sie nach ca. 20 cm mehrfach mit der Baumwollkordel. Verknote anschließend die Enden der Baumwollkordel und fixiere den Knoten mit einem Tropfen Sekundenkleber. Lass dir dabei unbedingt von einem Erwachsenen helfen! Klemme nun die Bänder hinter der Umwicklung in die Klammer deines Klemmbretts.

2. Flechte einen engen Zopf, bis das Band die passende Länge für dein Handgelenk hat. Schiebe eine Großlochperle über das geflochtene Band.

3. Nun legst du alle drei Bänder flach aufeinander und umwickelst und verknotest sie mit der zweiten Baumwollkordel. Löse das Band aus dem Klemmbrett, schneide zwei der Bänder hinter der Umwicklung ab und fixiere den Knoten wieder mit einem Tropfen Sekundenkleber.

TIPP: Experimentiere damit, wie sich das Band verändert, wenn du fest oder locker flechtest. Oder verwende drei verschiedenfarbige Lederbändel. Das gibt schöne, unterschiedliche Effekte.

Material

- Wildlederband, 3 mm breit, 3x 60 cm
- farblich passende gewachste Baumwollkordel, 2x 30 cm
- Metall Großlochperle, Loch ca. 4 mm, Perle ca. 1 cm

Sonnenuntergang

am Strand

1. Schneide die Fäden in der angegebenen Länge zu. Verknote alle Fäden nach 20 cm mit einem Überhandknoten (siehe S. 14) und klemme sie in der Reihenfolge in die Klammer deines Klemmbretts, wie die Farben am Anfang deines Knüpfmusters gezeichnet sind.

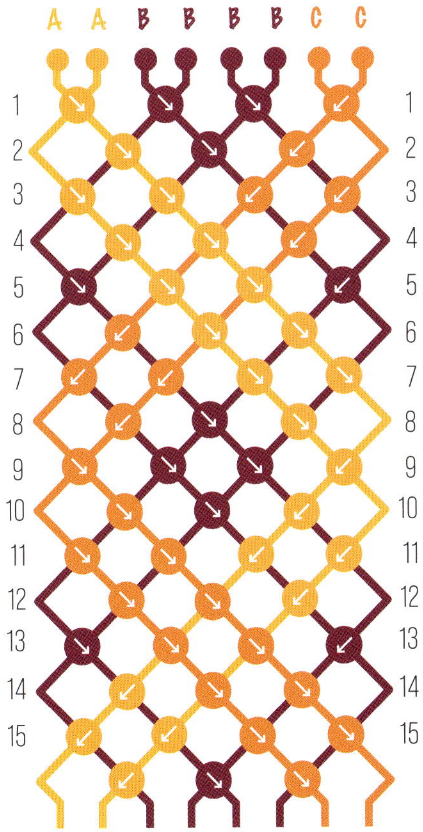

2. Dann knotest du dein Band gemäß Knüpfmuster bis zur gewünschten Länge.

3. Bevor du die Verschlusszöpfe flechtest oder einen Perlenziehverschluss machst (siehe S. 19), überprüfe noch einmal die Armbandlänge an deinem Arm. Wenn alles passt, löse den Anfangsknoten, beende dein Band mit dem Verschluss, den du haben möchtest und schneide die Endfäden ab.

Material

BAUMWOLLGARN:

- 2 Fäden A in Gelb, 160 cm
- 4 Fäden B in Dunkelrot, 120 cm
- 2 Fäden C in Orange, 160 cm

ROSENBAND

für jede Prinzessin

1. Fädle die Perlen in folgender Reihenfolge auf den Gummifaden: zwei Rocailles Transparent mit rosa Tunnel, eine Perle milchig, ein Rocaille in Transparent, eine Perlmutperle mit Öse, ein Rocaille in Transparent, eine Perle in Milchig Weiß, zwei Rocailles in Transparent, eine Rosenperle.
2. Wiederhole den ersten Schritt vier Mal.
3. Schneide den Gummifaden von der Rolle ab und verknote die beiden Fadenenden gut miteinander.

TIPP: Lass den Gummifaden auf der Rolle und schneide ihn erst ab, wenn du das Band komplett gefädelt hast.

MATERIAL

- 4 Perlmutperlen mit Öse, ∅ 6 mm
- 24 Rocailles in Transparent mit rosafarbenem Tunnel, ∅ 3 mm
- 8 Perlen in Milchig Weiß, ∅ 6 mm
- 4 Perlen mit Rosenmotiv, ∅ 6 mm
- Gummifaden in Transparent, ∅ 1 mm

... verstehen sich oft auch ohne Worte.

...können zusammen lachen und weinen.

... sind immer füreinander da und haben ein offenes Ohr füreinander.

Bes
Freund

... sind nicht gleich beleidigt und verzeihen sich alles.

... lieben die andere so, wie sie ist, und wollen sie nicht verändern.

... freuen sich für die andere und sind nicht neidisch oder eifersüchtig.

... verbringen so viel Zeit miteinander wie möglich.

... können sich alles erzählen, nichts ist zu peinlich oder tabu.

... vertrauen sich Geheimnisse an.

te
innen

... merken immer, wie es der anderen gerade geht.

für immer ...

Zu zweit macht alles mehr Spaß. Aber weißt du eigentlich, woran man eine allerbeste Freundin erkennt?

... quatschen gerne stundenlang, können aber auch zusammen schweigen, ohne dass es sich komisch anfühlt.

... sagen sich ehrlich ihre Meinung, auch wenn sie hart ist.

Tierischer Spass im Wald

1. Schneide die Fäden in deiner Lieblingsfarbe zu. Verknote alle Bänder nach 20 cm mit einem Überhandknoten (siehe S. 14) und klemme sie so in die Klammer deines Klemmbretts, dass der lange Faden rechts liegt. Es wird immer nur mit diesem langen Faden um die beiden anderen Fäden herum verknotet.

2. Bei diesem Band knotest du im Schlingenknoten (siehe S. 16). Lege den langen Faden über die beiden kurzen Fäden nach links und ziehe ihn durch die auf der rechten Seite entstandene Schlinge. Dies wiederholst du, bis dein Band die gewünschte Länge erreicht hat. Es entsteht eine Art Wendeltreppe. Beende dein Band mit dem Verschluss, den du haben möchtest (siehe S. 18-19).

3. Wenn du eine Tierperle einfädeln möchtest, knotest du bis zur halben Länge deines Bandes, fädelst die Perle auf und knotest danach noch weiter, bis das Band die gewünschte Länge erreicht hat.

Varianten

1. **Für ein Streifenmuster:** Hierfür musst du den Faden wechseln. Nimm dazu einen der Fäden aus der Mitte und knote mit diesem um die beiden anderen Fäden weiter.

2. **Für das Mäuseband:** Mache 20 Knoten in Braun, zehn Knoten in Weiß und zehn Knoten in Braun, dann die Mäuseperle über alle drei Fäden ziehen und anschließend das Band gegengleich beenden.

3. **Für das Fuchsband:** Mache 20 Knoten in Weiß, zehn in Grün, fünf in Orange, fünf in Weiß, fünf in Orange, fünf in Grün, dann die Fuchsperle und gegengleich beenden.

Material

FÜR DAS EINFARBIGE BAND:

- gewachste Baumwollkordel, ∅ 1 mm in deiner Wunschfarbe, 2x 60 cm und 1x2 m

FÜR DIE MEHRFARBIGEN BÄNDER:

- 3x 1,20 m gewachste Baumwollkordel, ∅ 1 mm in verschiedenen Farben
- Tierperlen aus Metall, ca. 13 mm breit
- evtl Rocailles, ∅ 4 mm, für die Enden der Verschlussfäden
- evtl. Großlochperle, ∅ 11 mm (Loch 4 mm) für einen Perlenziehverschluss

TIERISCHE FREUNDE

mit Wellenknoten

1. Bei dieser Variante vom Band auf S. 38 arbeitest du ebenfalls mit dem Wellenknoten, allerdings in zwei verschiedenen Farben. Das Muster ergibt sich von selbst.

2. Schneide die Fäden in deiner Lieblingsfarbe zu. Verknote alle Fäden nach 20 cm mit einem Überhandknoten (siehe S. 14) und klemme sie so in die Klammer deines Klemmbretts, dass die kurzen Fäden in der Mitte und die langen Fäden außen liegen.

3. Arbeite im Wellenknoten (siehe S. 17). Knote dabei immer nur von der rechten Seite. Das Streifenmuster entsteht automatisch, du musst gar nichts Besonderes dafür tun.

4. Knote so lang, bis du die gewünschte Länge erreicht hast. Bevor du das Armband beendest, überprüfe noch einmal die Armbandlänge an deinem Arm. Verarbeite die Enden zu einem Zopfverschluss (siehe S. 18).

TIPP: Die Farbe der Innenfäden sieht man nur am Zopfverschluss.

MATERIAL

- gewachste Baumkordel, Ø 1 mm in zwei deiner Lieblingsfarben (z.B. Weiß mit Schwarz, Gelb und Rot, Orange und Weiß), je 2x 1,10 m und 2x 0,5 m

MATERIAL

BAUMWOLLGARN:

- 2 Fäden A in Blau, je 160 cm
- 2 Fäden B in Rosa, je 160 cm
- 2 Fäden C in Hellgrün, je 160 cm
- 2 Fäden D in Pink, je 160 cm

Regenbogen-Band

für gute Laune

1. Schneide die Fäden in der angegebenen Länge zu. Verknote alle Fäden nach 20 cm mit einem Überhandknoten (siehe S. 14) und klemme sie in der Reihenfolge in die Klammer deines Klemmbretts, wie die Farben am Anfang deines Knüpfmusters gezeichnet sind.
2. Dann knotest du dein Band gemäß Knüpfmuster bis zur gewünschten Länge.
3. Bevor du die Verschlusszöpfe flechtest oder einen Perlenziehverschluss machst (siehe S. 19), überprüfe noch einmal die Armbandlänge an deinem Arm. Wenn alles passt, löse den Anfangsknoten, beende dein Band mit dem Verschluss, den du haben möchtest und schneide die Endfäden ab.

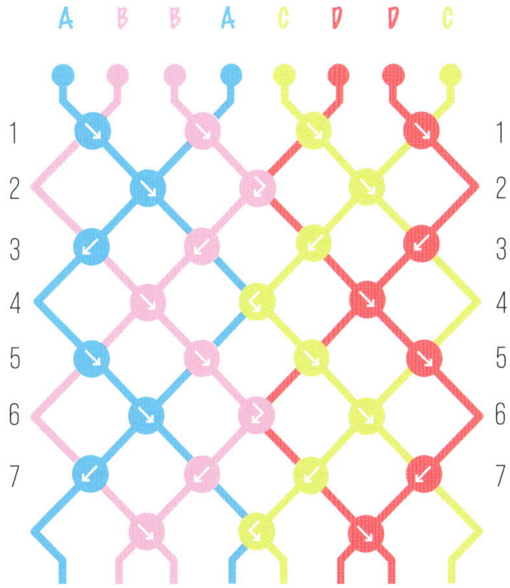

SCHNEE-ZAUBER

für magische Momente

1. Schneide die Fäden in deiner Lieblingsfarbe zu. Verknote alle Bänder nach 20 cm mit einem Überhandknoten (siehe S. 14) und klemme sie so in die Klammer deines Klemmbretts, dass die kurzen Fäden in der Mitte liegen.

2. Wenn du das Band mit der Metallblume machen möchtest, knotest du ein Band mit dem Weberknoten (siehe S. 16), bis du die gewünschte Bandlänge erreicht hast. Schiebe die Blume über das Band, bevor du den Verschluss arbeitest.

3. Bei den zweifarbigen Bändern machst du es genauso. Die verschiedenfarbigen langen Fäden erzeugen den tollen Effekt, dass dein Band zweifarbig wird.

4. Wenn du Perlen einarbeiten willst, machst du zuerst sieben Doppelknoten (ein Weberknoten von rechts und ein Weberknoten von links ergibt einen Doppelknoten, siehe S. 16). Fädle dann eine Perle über die beiden mittleren Fäden, mache zwei Doppelknoten und ziehe die nächste Perle auf. Wir haben insgesamt elf Perlen aufgefädelt und danach wieder sieben Doppelknoten gemacht. Achte darauf, dass das Band die richtige Länge für deinen Arm hat. Das hängt auch von der Größe deiner Perlen ab.

5. Als Verschluss kannst du einen Perlenziehverschluss oder einen Zopfverschluss machen (siehe S. 18-19).

TIPP: Wenn dein Band einfarbig ist, schneidest du alle Fäden in der gleichen Farbe zu. Bei dem Band mit dunkeltürkisem Rand sind die beiden kurzen Fäden weiß, und je ein langer Faden dunkeltürkis und helltürkis. Bei dem rosafarbenen ist es genauso. Bei dem Band mit den milchigen Perlen ist der linke lange Faden weiß, der rechte lange Faden petrol. Die kurzen Fäden, auf die die Perlen gefädelt werden, sind türkis. Die inneren kurzen Fäden siehst du nur am Verschluss.

MATERIAL

- gewachste Baumwollkordel, Ø 1 mm in der gewünschten Farbe, 2x 1 m und 2x 60 cm

ZUM VERZIEREN:

- Großperle Blume, Ø 15 mm, aus Metall mit einem Schlitz, 1 cm breit
- Großlochperle, Ø 11 mm, Loch, Ø 4 mm, für den Perlenziehverschluss
- 8-16 Rocailles, Ø 4 mm mit passendem Loch für die Verzierung der Verschlussbändel
- ca. 11 Perlen in Milchig Weiß, Ø 6 mm

MATERIAL

- Ca. 50-60 Perlen nach Wahl pro Armband, ∅ ca. 4-6 mm
- Buchstabenperlen, ∅ 6 mm
- Gummifaden, ∅ 1 mm, ca. 30 cm lang
- Metallanhänger Peace (∅ 16mm)
- Miniquasten mit Öse, 15 mm

FÜR IMMER!

Armbänder mit Namen

1. Für dieses Band kannst du zusammen mit deinen Freundinnen alle Perlen, Anhänger und Quasten auf den Tisch legen und einfach mit dem Fädeln loslegen. Eurer Fantasie sind keine Grenzen gesetzt: Ihr könnt kunterbunte Armbänder fädeln oder aber auch Muster in verschiedenen Farben zusammenstellen (z. B. abwechselnd je eine weiße und eine rote Perle oder auch vier Mal helltürkis, drei Mal dunkeltürkis im Wechsel). Probiert einfach aus, was euch am besten gefällt.

2. Beginne mit einem Perlenmix bevor du die Buchstabenperlen auffädelst. Zwischen den Buchstabenperlen kannst du ein bis zwei Rocailles auffädeln. Nach dem Namen fädelst du weiter, bis das Armband die gewünschte Länge erreicht hat. Dann schneidest du den Gummifaden von der Rolle ab und verknotest die Enden fest miteinander. Ihr werdet sehen, es werden euch immer neue Farbkombinationen und Muster einfallen. Also fangt am besten gleich mit dem nächsten Band an!

TIPP: Macht euch ein „Clubarmband": Jeder in seinen Lieblingsfarben oder genau dasselbe mit dem jeweiligen Namen.

Juwelen-Bänder

für den glänzenden Auftritt

1. Schneide die Fäden in der angegebenen Länge zu. Verknote alle Fäden nach 20 cm mit einem Überhandknoten (siehe S. 14) und klemme sie in der Reihenfolge in die Klammer deines Klemmbretts, wie die Farben am Anfang deines Knüpfmusters gezeichnet sind.

2. Nun knotest du dein Band gemäß Knüpfmuster bis zur gewünschten Länge.

3. Bevor du die Verschlusszöpfe flechtest oder einen Perlenziehverschluss machst (siehe S. 19), überprüfe noch einmal die Armbandlänge an deinem Arm. Wenn alles passt, löse den Anfangsknoten, beende dein Band mit dem Verschluss, den du haben möchtest und schneide die Endfäden ab.

MATERIAL

BAUMWOLLGARN FÜR FARBVARIANTE ROSA/PINK:

- 4 Fäden A in Rosa, je 140 cm
- 4 Fäden B in Pink, je 120 cm

BAUMWOLLGARN FÜR FARBVARIANTE WEISS/BUNT:

- 4 Fäden A in Weiß, je 140 cm
- 1 Faden B in Grün, 100 cm
- 1 Faden C in Blau, 100 cm
- 1 Faden D in Gelb, 100 cm
- 1 Faden E in Pink, 100 cm

Material

- Tonpapier
- Transparentpapier
- Geschenkpapier oder ein Papier, das dir besonders gut gefällt
- Klebestift

Geschenktüte

zum selber machen

1. Übertrage die Vorlage auf dein Papier und schneide es entlang der Außenlinien aus.
2. Falte es an den Falzlinien und klebe die Geschenktüte an den Klebelaschen zusammen.
3. Verziere dein Tütchen mit einem ausgeschnittenen Herzchen oder mit buntem Washi Tape.

TIPP: Du kannst die Vorlage für die Tüte mit einem Kopierer auf jede beliebige Größe vergrößern. Du brauchst dann nur ein entsprechend großes Papier und schon kannst du loslegen!

KLEBELASCHE
FALTEN
FALTEN
FALTEN
KLEBELASCHE
FALTEN

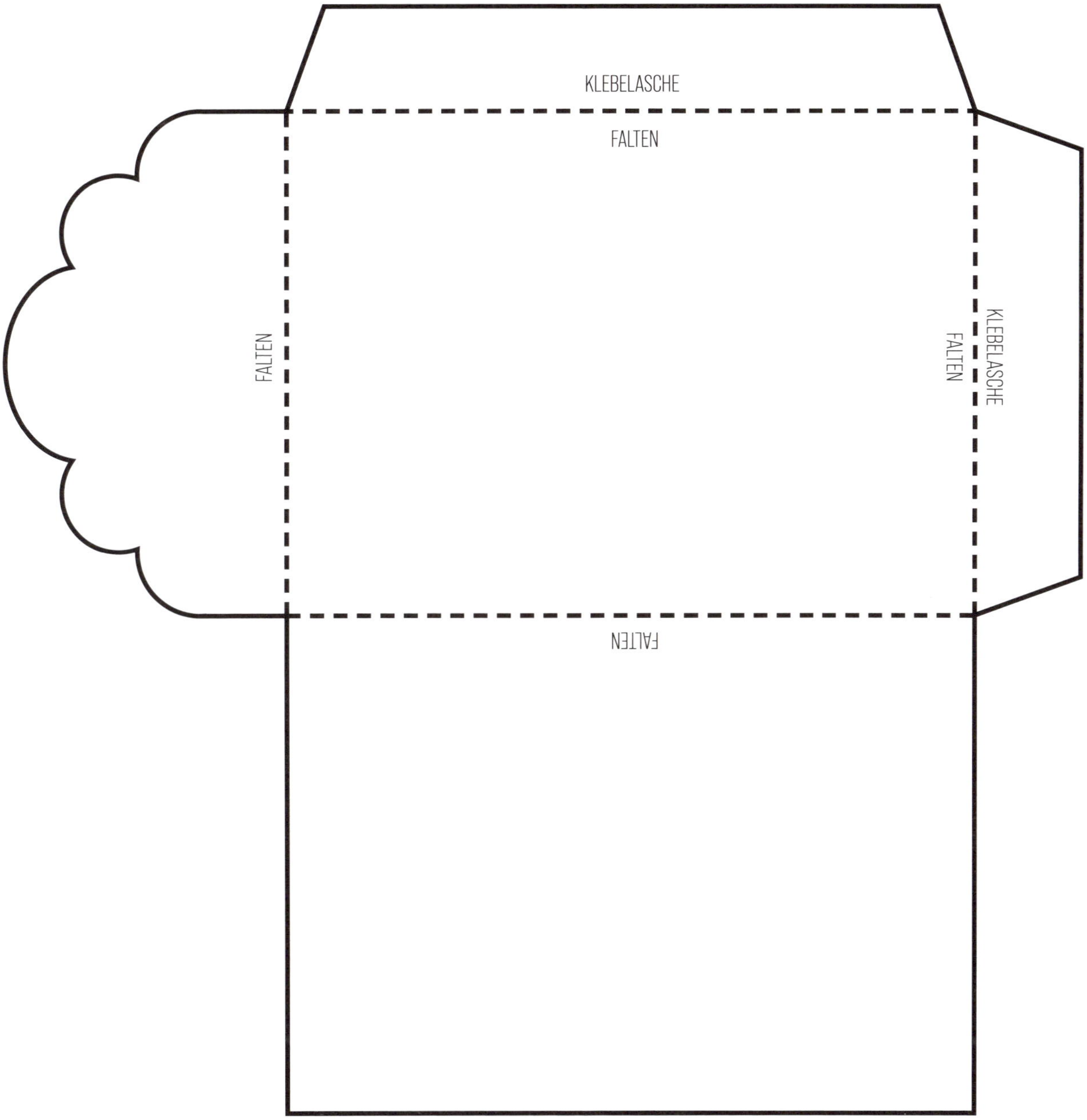
KLEBELASCHE
FALTEN
FALTEN
FALTEN
KLEBELASCHE
FALTEN

Buchempfehlungen für Dich

Noch mehr Kreativ-Bücher zum gleichen Thema gesucht?

ISBN: 978-3-7724-4449

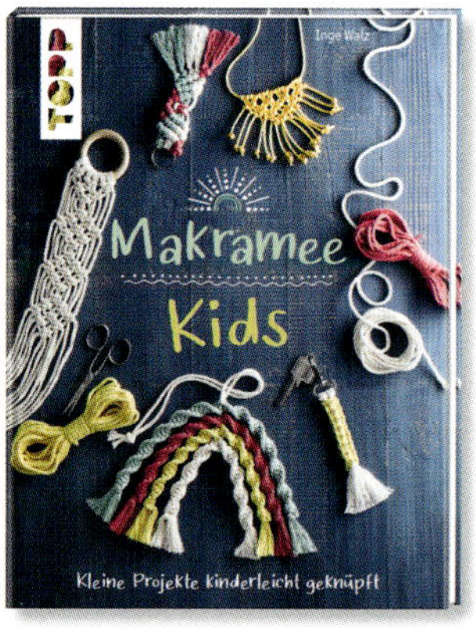

ISBN: 978-3-7724-4893

ISBN: 978-3-7724-4953

ISBN: 978-3-7724-4977

ISBN: 978-3-7724-6870

ISBN: 978-3-7724-7830

ISBN: 978-3-7724-7880

ISBN: 978-3-7724-8440

ISBN: 978-3-7724-8485

Viele weitere Kreativ-Bücher findest du auf www.TOPP-kreativ.de

#TOPPPROJEKT

Die eigene Kreativität zeigen: TOPPprojekt mit anderen Kreativen teilen und Teil der Gemeinschaft werden.

DIY-begeistert und auf Instagram? Dann unbedingt mitmachen! Hier gibt's Tipps und Feedback zu den eigenen Projekten. Außerdem verlosen wir jeden Monat ein Überraschungspaket. Um am Gewinnspiel teilzunehmen, einfach ein Bild vom Kreativ-Projekt aus unseren Büchern mit #TOPPprojekt posten und unserem Account @frechverlag folgen. Mehr Infos auf TOPP-kreativ.de/TOPPprojekt

Website
Auf TOPP-kreativ.de kannst du ein riesiges Angebot von über 1.000 Kreativbüchern, Sets & mehr entdecken.

Newsletter
Gleich anmelden unter: TOPP-kreativ.de/newsletter und immer als Erstes von unseren Neuheiten und Sonderaktionen erfahren.

Instagram
@frechverlag

Pinterest
pinterest.com/frechverlag

Facebook
facebook.com/frechverlag

DigiBib
Hier findest du zusätzlich zu vielen unserer Bücher digitale Extras, wie Video-Tutorials, Plotter-Dateien, Vorlagen, Übungsblätter & vieles mehr. Einfach im Impressum deines TOPP-Buchs den Freischalte-Code nachschlagen und exklusive Inhalte freischalten. TOPP-kreativ.de/digibib

Youtube
youtube.com/frechverlag

Die Autorinnen

Heike Roland und Stefanie Thomas reisten gemeinsam viele Jahre als Künstler-Teddybären-Macher zu verschiedenen Messen, bevor sie zum frechverlag kamen. In ihrem witzigen Stil haben sie seither zahlreiche Bücher, z. B. zu den Themen Stricken, Nähen und Papierbasteln veröffentlicht. Beim Verwirklichen der Ideen für ihre Bücher haben sie sehr viel Spaß und Freude!

DANKE
Herzlichen Dank an die Firma Rayher für die freundliche Bereitstellung der Materialien.

Kreativ-Hotline

Hilfestellung zu allen Fragen, die Materialien und Bücher zu kreativen Hobbys betreffen: **Frau Erika Noll** berät Sie.

Rufen Sie an oder schreiben Sie eine E-Mail! Telefon: 0711 / 123 757 20
*normale Telefongebühren

E-Mail: mail@kreativ-service.info

Modelle: Stefanie Thomas und Heike Roland, BLACK SHEEP COMPANY
Fotos: frechverlag GmbH, 70499 Stuttgart; Schrittfotos: Heike Roland und Stefanie Thomas; restliche Fotos: lichtpunkt, Michael Ruder, Stuttgart
Illustrationen: Natascha Pitz
Produktmanagement: Sandra Aichele und Cora Friedrich
Lektorat: Sandra Aichele
Herstellung: Jessica Siebert
Layout und Satz: DSR Werbeagentur Rypka GmbH, Dobl/Graz, www.rypka.at
Druck und Bindung: DZS Grafik, Slowenien

1. Auflage 2022

ISBN: 978-3-7358-9005-4 Best.-Nr. 29005

MIX
Papier aus verantwortungsvollen Quellen
FSC® C106600
Penguin Random House Verlagsgruppe FSC® N001967